Trees face their last moment of life still standing
나무는 꼿꼿이 선 채 임종을 맞는다

정학진 시집

Trees face their last moment of life still standing
나무는 꼿꼿이 선 채 임종을 맞는다

정학진 저자
HakJin Chung

이은정 영문번역
EunJung Lee

창조문예사

■ 발문 ■

행복한 사제, 정학진

고진하(시인, 숭실대 겸임교수)

정학진은 행복한 사제다. 사제이며 시인인 저자는 자기 삶과 신앙을 표현할 수 있는 아름다운 도구를 지니고 있는데 문학이 곧 그것이다. 그의 신앙과 지성의 촉수는 '나침반'처럼 예민하고 섬세하다. 그 촉수는 예언자의 것이기도 하고, 시인의 것이기도 하다. 따라서 그의 시는 경외의 떨림으로 인간 존재의 궁극을 현시해주기도 하고, 나무가 죽어서 탄생된 현악기처럼 '잠든 영혼'을 흔들어 깨우는 천상의 음악을 연주해내기도 한다. 그의 시적 상상력은 자신을 바람 부는 광야의 깃발처럼 온몸으로 나부끼게 하는데, 그것은 상처받고 피 흘리기를 마다하지 않는 창조적 정신에서 비롯된 것이다. 한 덩이 '숯'이 되기를 갈망하는 정학진의 시적 열망과 신앙의 진실은 영원히 쇠하지 않는 예수의 창조적 젊음에 닿아 있으며, '절대무의 고독'과 항상 신 앞에서 깨어 있는 '단독자'로서의 삶을 다짐하는 그의 시편들은 신앙의 염결성을 상실한 제도종교와 타락한 시대정신을 새롭게 해줄 정화의 힘을 내장하고 있기도 하다. 깨어 있는 시인의 길은 '고단한 심마니의 길'이기도 하지만, '하나뿐인 나의 당신'인 신과의 합일의 희열, 그 융융한 희열로 붐비는 여정이기도 하다.

그는 가끔 마술로 주위 사람들을 행복하게 만들곤 한다. 마술을 하듯 인생을 즐기는 그 도저한 낙천주의, 그 존재의 심연에 자리 잡고 있는 순수한 신앙의 열정이 결합된 정학진의 시편을 읽는 이들이, 자신의 존재를 날마다 드높이고, 창조주를 모신 영원한 젊음을 누리며, 사제시인처럼 행복해지기를 바랄 뿐이다.

■ Postscript ■

"Happy priest, HakJin Chung"

JinHa Ko

HakJin Chung is a happy priest. He is also a poet and he has a beautiful ability to express his life and faith. Literature seems to be his medium. His belief spreads out and strengthens his faith. In addition, his intelligent feeler is sharp and sensitive like a 'compass'. The sensitivity is that of a prophet and a poet. So, his poems reveal the destiny of human beings with awe. His words create the idea of heavenly music shaking oursouls out of their sleep like the instruments which are created from trees after they had died. His poetic imagination frees himself from ties of mortality like a flag which is unfurled when is blown by the wind. It begins from the creative spirit which does not mind being hurt and left bleeding. His poetic integrity and fidelity to faith are eager to become an instrument of belief and showed the way to reach to Jesus and the image of youthfulness which never weakens. His poems swear to his pledge to risk being a committed lone spirit with the power to purify institutional religion which has lost the probity of faith and develop the method of worship. The true poet's way is the 'exhausting way like a ginseng-digger's way', and the way of rapturous union with God.

HakJin Chung often makes people happy with his magic. As he creates magic, he creates an optimistic view of life. I hope that the readers enjoy his poems which are created with a pure passion of faith. I hope the readers learn to respect themselves everyday and enjoy their youthfulness in creativity. Furthermore, I hope they feel as happy as the priest poet, HakJin Chung.

■ 작가의 말 ■

　예전에 "시인은 최후의 사제(司祭)"라는 말을 들은 적이 있다.
　하늘의 뜻을 속세에 전해준다는 뜻일진대 고개가 끄떡여졌다. 시인(詩人)은 다른 예술가들과 달리 가(家)를 쓰지 않는다. 예술가, 음악가, 미술가, 작가, 평론가, 소설가… 유독 시인만 "사람 인(人)"자를 쓰는 이유는 어디 있을까? 가(家)는 집안에 돼지들이 모여 있는 형상이다. 집단을 연상케 한다. 나도 처음엔 소설을 써서 문단에 얼굴을 내밀었고, 박사과정에서는 현대소설을 전공했지만, 여전히 가(家)라고 알려진 이 일군의 무리는 힘이 있어 보이고 음모와 파워게임도 난무하다. 집단에는 양심이 없다. 반면 시인은 사람이다. 혼자 설 수 밖에 없다. 굳이 키에르케고르의 말을 인용하자면 "신 앞에 선 단독자(單獨者)"이다.
　평소 시(詩)는 세 가지 "미"가 있어야 한다고 생각해 왔다. 재미와 흥미, 그리고 심미(審美)가 그것이다. 먼저 시는 잘 읽혀야 한다. 읽을 때 어려워 머리에서 쥐나고 짜증나면 말짱 황이다. 이런 재미없는 글을 쓰는 작가들은 모두 사형시켜야 한다. 또 글에는 흥미가 있어야 한다. 헝가리의 철학자 루카치의 말마따나 분화되기 이전의 덩어리, 총체성의 시대, 모험으로 가득 찬 세계로 눈을 돌리고 발을 옮기던 서사시의 시대처럼 모험과 흥분으로 가득 찬 글 말이다. 지독히 가난하던 어린 시절, 어렵사리 얻은 맛난 음식을 아껴먹듯 자꾸만 읽히는 글이 되어야 한다. 그러려면 시는 손으로가 아니라 발로, 머리로가 아니라 눈으로 쓰여져야 한다. 그리고 시는 심미적(審美的)이어야 한다. 아무리 잘 읽히고 흥미를 유발한다 해도 아름다움이 없으면 무슨 유익이 있겠는가.

짜증나는 시집은 싫다. 읽을수록 재미없는 평범한 시집도 싫다. 현란스레 말잔치를 하고, 사색 없는 말꼭지에서 콸콸 쏟아내는 무뇌(無腦)한 시집도, 무사(無思)한 시도 싫다. 가열찬 삶을 살아가는 사람들, 자기 영혼에 불을 놓아온 정신이 시커멓게 재가 되도록 자신의 삶을 밀고 가는 사람들을 위해 이 시집을 바치고 싶다.

아, 이렇게 떠들면서도 나 자신도, 그리고 내 글도 여기에서 자유롭지 못함은 어인 일인가.

  초라한 글, 옷을 입히고 생명을 불어넣어 준 고진하 형과 유성호 교수, 그리고 맛깔스런 영역으로 글의 지경을 넓혀준 이은정 님께 감사드린다. "의미 있는 손해"를 감수하며 선뜻 투자해 주신 〈창조문예사〉 임만호 장로님과 편집진들에게 감사한다. 내 일을 나보다 더 기뻐해 주는 그대와, 내 삶의 궁극적 목적이신 주님께 이 글을 바치고 싶다.

2009년 7월
정 학 진

■ Prefatory note ■

It is said that 'a poet is the last priest'. I suppose it means a poet gives the message from heaven to the world. Unlike other artists such as musicians, painters, writers, critics and novelists, the word, 詩人(a man), is only used for poets rather than the word, 家(a family).

The word, 家(a family) indicates the figure of a herd of swine in a house, which reminds of a group. I began my career as a novelist in the literary world and majored in modern novels in my Ph.D course, but I still feel that a group of people who are known as 家 seem to be powerful, and lots of plots and dangerous power games remain in the literary world. In groups there is no conscience. However, a poet is a true person who cannot but stand alone. According to Søren. A. Kierkegaard, a poet is a lone spirit before God.

I suppose poetry should have three beauties;

interests, excitements and aesthetic appreciation. First of all, good poems which are widely read do not cause headache with difficulties and make readers cross during their reading. I think the authors who write uninteresting poems should withdraw from the world. Secondly, poetry should keep attempts and interests readers. As Hungarian philosopher, G. Lukacs mentioned, like the age of epic poetry when came on to undifferentiated, adventurous era, literature should be full of adventures and excitement so that readers are likely to read. It should be read over and gain as if a poor child eats delicious, rare food little by little saving it. Therefore, poetry should be written by the real experience of life and not by just pen, and created by the heart and not by the head. Finally, poetry should be aesthetic. No matter how readable and exciting poetry is, how it can be real poetry without aesthetic pleasure!

Difficult poetry is unpleasant. I do not like uninteresting, ordinary poetry, and also refuse the poetry which is richly ornate but has no guts. I dedicate these poems to those people who try hard to develop their life and struggle themselves to keep their heart and souls.

Ah! However, my writing is implicated in the undesirable elements too!

I am grateful to the poet JinHa Ko and professor SungHo Lyu, who enhance the level of this book and the translator EunJung Lee who has extended the boundary with the English translation. I am also grateful to the publishers, ManHo Lim and editors, who took a great risk in taking on this book. I would like to dedicate this writing to my Lord who is much happier for my work than me and my final aim.

차례

- 발문 4
- *Postscript* 6
- 작가의 말 8
- *Prefatory note* 11

나침반 20
    A Compass

매미(1) 24
    A cicada(1)

매미(2) 26
    A cicada(2)

매미(3) 30
    A cicada(3)

매미(4) 34
    A cicada(4)

고목 38
    An ancient tree

벼랑 끝에 핀 고목의 노래 40
    The song of an ancient tree standing on the edge of a precipice

우표 44
    A stamp

가로수(1) 48

  A tree lining a street(1)

가로수(2) 52

  A tree lining a street(2)

여자인 내 어머니를 위해 54

  My mother, as a woman

브라이튼 행 밤기차 58

  The night train for Brighton

브라이튼의 하루 68

  A day in Brighton

심마니 74

  A Ginseng-digger

단풍 76

  Scarlet tinged leaves

흐르는 나무 80

  Flowing trees

나무는 꼿꼿이 선 채 임종을 맞는다 82

  Trees face their last moment of life still standing

산길 86
>   *A mountain path*

반신욕 90
>   *Hip-bath*

내숭 94
>   *Put on an innocent air*

나무 96
>   *Trees*

이별 98
>   *Farewell*

등산가 100
>   *Mountaineers*

벽 102
>   *Walls*

노을 104
>   *Sunset*

바람과 깃발 108
>   *wind and flag*

산과 구름   112

    Mountain and cloud

독수리(1)   116

    An eagle(1)

독수리(2)   120

    An eagle(2)

산과 고목   122

    A mountain and an ancient tree

소리   126

    Sounds

고추의 고백   128

    Red pepper's confession

날마다 죽는 태양(太陽)   132

    The sun who dies every day

매미와 고목   136

    A cicada and an ancient tree

허기   138

    Hunger

골수 기증 140

  Blood transfusion(Bone-marrow donation)

삭개오에 대한 회상 144

  Reminiscence on Zacchaeus

사랑보다 깊은 그리움 148

  A deeper yearning than love

부활절 아침에 읽는 시 한편 150

  Is this Easter morning?

사랑한다는 말 154

  The words "I love you!"

축복과 사명의 차이 158

  The difference between blessing and mission

GPS 164

  GPS

갈대 168

  A reed

배는 물 위에서 최후를 맞는다　170
　　Ships meet their last in water

- 정학진의 시세계　176
- 영문 번역자의 후기　193
- *Translator's Postscript*　198

나침반

움직일 때마다
떨고 있다.

바늘끝이 미세하고 떨고 있는 한
나침반이 가리키는 방향을 믿어도 좋다.

떨고 있는 사람은
진실하다.
떨고 있는 사람의 말은 믿어도 된다.

두려움으로,
경외심으로,
떨고 있는 목사의 말은
떨고 있는 정치가의 말은
믿을 만하다.

두려움을 잃어버리고
번지르르하게 말하는 순간부터
죽은 것이다.

A Compass

Whenever in motion
It trembles.

As long as it trembles,
It is trustworthy.

The man who trembles is credible.
The words spoken(by the man who trembles) are reliable.

The statements spoken by a minister who trembles,
Who is driven by fear,
And awe-inspired,
Are convincing.

From the moment when he speaks fluently
Without fear,
He becomes dead.

바늘끝이 떨림을 그치고
고정되는 한
나침반은 죽은 것이다

내가 목마르다

한평생 목마름 속에 사신
스승을 따라가는 사람들도
목마를 일이다
그 허기짐을 면하는 날
그 갈급함이 사라지는 날
죽은 것이다

As soon as the needle stops trembling
And is fixed,
The compass becomes dead.

I am thirsty!

The followers, who admire his master,
who thirsted all his life,
Are thirsty.
On the day when hunger fades away,
On the day when thirst is gone,
He is virtually dead.

매미(1)

며칠 더 산다고
우쭐대지 마라
앞서거니 뒤서거니
우린 모두 동류(同類)인 것을

너도 인생의 어느 한 때
세상을 향해 소리쳐 본 적이 있느냐
한 시대를 끌어오기 위해
목 놓아 울어본 적이 있느냐

A cicada(1)

Just because you live a few days more,
Don't be conceited!
Sometimes you are ahead and sometimes behind,
But we are all in the same boat.

Have you ever shouted to the world?
Once in your life.
Have you ever cried your eyes out?
to lead the world to a new era.

매미(2)

생화(生花)가
조화(造花)보다 아름답고
노을이 황홀한 건
곧 지기 때문이듯
매미 울음이
가슴을 울리는 건
얼마 남지 않은 시간 때문이다

황황히
때론 느긋느긋
천국을 향해 가는 우린 모두
시한부 인생

사랑도 미움도 그리고 향락도
한시적이다.
얼마나 시간이 남아있을지 모르나
남은 시간을 위해
옷매무새를 가다듬는다

A cicada(2)

Because it falls,
A real flower is more beautiful
Than an imitation flower.
Because it fades away,
A sunset's glow enraptures me.
So, because of the little time left,
The shrill chirrup of a cicada moves me to tears.

Sometimes in a hurry,
Sometimes at ease,
Those who go to heaven
Have a short life!

Love, hatred, and pleasure
They are all limited.
I don't know how much time I have,
But, for the time left
I try to ready myself.

이 밤
잠들지 못하는 건
낮에 마신 커피 때문만은 아니다

Tonight,

When I cannot fall asleep

It is not the coffee from during the day.

매미(3)

추석이 훨씬 지났는데도
길길이 하늘 향해 뻗어있는
나무 등에 업혀
매미가 울고 있다

어머니 등에 업혀
보채는 아이처럼
나무 등에 업힌 매미가
이리저리 보채며 울음 운다.

지나는 계절이 그리워서일까
흐르는 세월이 아쉬워서일까

나무는 조용히
매미에게 등을 빌려 주고
보채는 매미를 어르고 있다

사랑은
지친 이에게

A cicada(3)

Chuseok has long since passed.
Still a cicada is crying out,
Clinging to the tree
Whose arms stretch out to the sky.

As a fretful baby
On its mother's back,
The cicada on the tree
Frets and cries out.

Is it languishing for the passing season?
Is it mourning the flowing of time?

The tree tranquilly
Gives the cicada a piggyback
And soothes its fretful companion.

Love
Is⋯

자신의 등을 빌려 주는 일

누군가에게
내어줄 등이 있는 이는
외롭지 않다
누군가의 등에 업혀
울음 울 수 있는 이는
불행하지 않다

먼 길 돌아
투덕투덕 돌아올 그대를 위해
오늘도 나는 등을 비운다.

To give the exhausted a piggyback!

Someone
Who can share themselves
Is not lonesome.
Someone
Who has someone to cling to
Is not unhappy.

For you
Who return from afar,
I, now, make myself empty like the tree.

매미(4)

떠날 때를 알고
떠나는 자의 모습이 아름답다고
한 시인이 노래했지만
내겐 참담하다

해답을 알고
문제를 푸는
황망함을 알고 있는가

내일을 기약할 수 없다는 건
심장에 염산을 뿌리는 일

사력을 다해
존재의 심연 깊숙이에서
울려나오는 노랠 부른다

고요가 무서워,
공허감을 다스릴 수 없어
소릴 지른다

A cicada(4)

A poet sang that
Someone who knows
When he has to leave is beautiful
But it is so miserable for me.

Do you know
How frustrating it is to solve questions,
Already knowing the answers?

The fact that I cannot pledge tomorrow
Is to sprinkle hydrochloric acid on my heart!

Desperately,
I sing a song from a profound abyss of existence.

Fearing a deadly silence,
Without controlling a sense of emptiness,
I cry out.

때로 이별은
우리의 기대보다 빨리 다가오고
사랑하는 사람은
언제나 곁에 있지 않다
황혼이 비끼기 전에

Sometimes,

Parting comes earlier that I expect,

My lover is not always with me.

Fading twilight

고목

마을 어귀
죽은 듯 서 있으나
기실 죽지 않았다

나이를 먹어갈수록
산다는 것은
텅 비어져 간다는 걸
너도 아느냐
정녕 아느냐

An ancient tree

At the entrance to the village,
An ancient tree is standing like the dead,
But, it is not dead.

Do you know?
The older we become,
The more hollow life becomes.
Do you know it?
Do you realize it?

벼랑 끝에 핀 고목의 노래

산다는 것이
인생의 목적이었을 때
내 삶은 위태롭기만 했다.

천한 태생을 원망하고
아슬아슬한 삶을 불평했다
하늘을 나는 새도 부러웠고
창공을 떠가는 구름에도
시기심이 일었다
날 이곳에 태어나게 한 그분께도
섭함과 원망이 끝도 없었다.

그러다 문득
산다는 것 이상이 목적이 되었을 때
삶이 바뀌었다.
아슬아슬하게 뿌리내린
아득함을 견디면서도
꽃을 피워 나비를 부르고
몸 안에 있는 것들을
필요한 이에게 전달했다.

The song of an ancient tree standing on the edge of a precipice

When the aim of life was just to live,
My life was in a precarious state.

I reproached myself with my humble origin,
Felt bitter against the perilous life,
Envied birds in the sky,
And the clouds in the blue expanse.
I was endlessly disappointed
And complained to Him who created me here.

Suddenly,
Oneday,
When my life seemed pointless,
It changed.
Whereas I had tentatively put down roots before,
Now, I flowered,
And called butterflies to me,
I gave of myself to all who needed me.

생각이 바뀌자
아무것도 가진 게 없었지만
잃은 것 또한 아무것도 없었다.
달라진 건 아무것도 없었지만
비로소 모든 걸 소유했다

After my mind changed,
Once I realized that I had nothing,
There was nothing to be lost,
Nothing had changed,
But I owned everything.

우표

작다고 비웃지 마라
비록 엄지발톱만 할지라도

네가 넘지 못하는 산도 넘고
네가 건너지 못하는 강도 건넌다.

끊어진 절벽 너머도 가고
막힌 담벼락도 뚫는다.

이따금
허리 잘려
피와 숨 통하지 않는
철조망 너머로도 날아간다.

내 몸 위에 부서진 우체국 소인은
지난 세월의 흔적
소인 속에 선명한
장례식 날짜

A stamp

Don't sneer at me because of my size.
In spite of a big toenail size,

I go over the mountains you can't,
cross over the rivers you can't.

Pass over the broken cliff,
Pierce the blocked wall.

From time to time,
Fly over the barbed-wire entanglements
Through which blood and breath are not circulated
Because of the broken country.

The damaged postmark on my body
Is the track of time and tide.
My clear funeral date
In the postmark.

나는 죽어야 비로소
살아 움직일 수 있다

바다 길로도 하늘 길로도
사람 사는 곳이면
어디든 간다.

그리움이 막히지 않듯

It's not possible to live
Until my death.

Through sea route, through sky route
I go everywhere
If people live there.

As my yearning is unlimited!

가로수(1)

도로가에 심겨져
산소를 공급하는 가로수는
먼지를 뒤집어 쓴 채
변색되어 초췌하다

산 속에 있자면
푸르뎅뎅할텐데
흙 속에 머릴 박고
보도블록에 둘러싸여
헉헉대며
사람들의 무관심 속에 하루 해가 진다

길가다
호주머닐 뒤져
동전을 몇 개 꺼내어
커피 자판기에서
뜨뜻한 커피 한 잔
나무에 붓는다.

A tree lining a street(1)

Gathering dust,
Supplying oxygen,
A discoloured tree lining a street
Looks gaunt.

If it were on a mountain,
It would be deeply green!
Tucking its head into the soil,
Surrounded by a pavement,
It breathes hard,
Inhaling people's indifference.
The sun goes down.

On the way
I search my pockets,
Take out some coins,
Pour out
A cup of warm coffee
From a vending machine.

목이라도 축일 수 있을까
바다가 그리운
지친 나무는

Could it moisten its lips?
The exhausted tree
Pines for the sea.

가로수(2)

내 고향이 어디였을까.

기억이 아스라하다.

지금
내 발 밑에선
바다가 들린다.

A tree lining a street(2)

Where was my home?

I remember it vaguely.

Now
Under my feet
I hear the sea!

여자인 내 어머니를 위해

40대 중반까지 살아오면서
왜 한 번도
어머니를 여자로 생각해보지 않은 걸까.

어머니도 여자로서 사랑받고 싶다는 것을
여자로서 인정받고 싶다는 것을
애써 외면하며 살아온 걸까.

일하다 지치면 눕고 싶고,
화나면 소리치고,
상처받으면 소리 내 울고,
외출 땐
화장대에 오래 앉아 있어야 하는 걸
왜 깊이 생각해보지 않은 걸까.

첫 월급을 타서는 속옷을 사고
생신 때마다
맛난 음식과 현금을 선물했지
한 번도 꽃을 선물할 생각을 하지 못한 걸까.

My mother, as a woman

Why have I never considered
My mother, as a woman
Until my mid-forties?

Mother would like to be loved as a woman,
She'd like to be recognized as a woman.
Why did I bury my head in the sand?

Why did I ignore that
She'd like to lie down when tired,
Shout out when angry,
Cry out when distressed,
Sit longer in front of the dressing table
when going out?

Why did I never think to give some flowers
to my mother?
I bought underclothes with my first salary.
I did give good meals and cash for her birthdays.

왜 우리 어머니는
야한 립스틱보다는 편안한 월남치마를 선호하며
꽃보다는 과일을,
문화상품권보다는 수표를 더 좋아하리라
지레 짐작하며 살아온 걸까.

고향 가는 기차를 기다리면서
수원 지하도에서 한아름 꽃을 산다.

불혹을 훌쩍 넘긴 아들이
예순 아홉
여자인 내 어머니를 위해
생전 처음으로 꽃을 산다.
꽃처럼 스쳐 지나간 청춘을 산다.

Why did I prejudge her?
My mother prefers the comfortable Vietnamskirt
to gaudy lipstick,
Fruit to flowers,
Cheques to gift tokens.

Waiting for the train home
I buy a bunch of flowers in Suwon subway.

I am a son over forty years old.
Buying flowers
For my mother, a sixty nine year old woman
For the first time in my life.
I am buying the heyday of her youth that she lost.
Flown past like a flower.

브라이튼 행 밤기차

나는 지금 런던 발 밤기차를 타고
친구의 아쉬운 이별을 뒤로 한 채
영국 최남단의 해안도시
브라이튼으로 간다.

창밖엔
어둠에 점령당한 도시 군데군데
가로등이
핏기 없는 누런 불빛을 쏟아 붓고
이슬이슬 내리는 초겨울 이슬비가
가로등 불빛 위에 빗금을 치고 있다.

내가 머무는 곳은
기찻길 옆 작은 2층 하숙집
깊은 밤
오지 않는 소식이 마렵고
사람이 까닭 없이
그리워질 때
나는 긴 긴 울음 토하며

The night train for Brighton

With the wrench of parting,
I am on the night train from London
For Brighton,
The southernmost coastal town.

Outside the window,
Streetlamps are
Pouring sporadically yellowish sallow lights
In the city captured by dark
Early winter drizzle is drawing slashes
Over the light of the streetlamps.

I am staying at the two-storied small lodging house
By the side of the railway.
At dead of night,
When I am on tiptoes of expectation
For the long-awaited news
And miss people for no reason,
I burst out in long crying,

레일 위를 달리는
밤기차 소리를 듣곤 한다.
이따금
갈매기 소리도 섞여 들리곤 할 때면
잠 못 드는
갈매기의 처지를 생각하며
괜히 눈물이 났다.
침대 위에서 늦도록 뒤척이다
어느 틈엔지 모르게 잠이 들고
부스스한 얼굴로
아침 햇살을 대한다.

세상엔
눈물 많은 사람들과
눈물 마른 사람들이 섞여 사는데
그래도 이만큼 메마르지 않는 건
눈물 많은 사람들이 흘리는 사랑과 연민의
눈물 때문이라고 자위한다.
그래도 지독한 외로움은 여전하다

I listen to the sound of night trains
running on the rail.
Once in a while
when I hear the sound mingled with seagulls,
I think of the seagull' s circumstances
They do not fall asleep.
Heedless tears flow.
After tossing about on my bed till late,
I fall asleep unknowingly,
And face the morning sunlight
With a disheveled look.

In the world
Those in tears
And those in lack of tears are jumbled up together.
Even so, I comfort myself,
The world is not so withered
For the tears of love and compassion
Come from those in tears.
Even so, the intense solitude is the same.

까까머리 중학생 시절,
잠들지 않았음에도
눈감고 계시던 할머니가
영원히 눈을 감으신 이후

혼자 깨어 있다는 두려움과
원인 모를 밤의 공포로
잠 못 들고 있을 때

멀리서 들리는 밤기차 소리는
얼마나 큰 위로였던가.
혼자 깨어 있는 줄 알았는데
누군가 깨어 열차를 운전하고,
물건을 팔러 다니고,
누군가 깨어
흔들리는 차 안에서
목적지를 살필 거라 생각하면
위로가 되었다.

In my middle school days with a head shaved bald
After my grandma, who almost closed her eyes
Even though she wasn't asleep,
Closed her eyes forever,

When I couldn't fall asleep
From the fear of keeping awake alone
And fearing the night without reason,

What a big consolation
Is the sound of night trains far away!
I awoke and thought I was alone,
But, as soon as I realized the fact
That somebody was driving the night train,
Somebody was going to sell the goods,
And somebody was watching the destination
On the joggling train,
That soon soothed me!

시간이 훌쩍 세월의 강을 건너
어른이 되었지만
내가 타고 가는 이 밤기차가
어느 시골 아이의 외로움과 두려움을
도닥이고 있겠지

더욱 나이가 들어
잠들지 않았음에도
눈 감고 있는 날이 많아지면
영국의 밤기차를 생각할 것이다
그 허적함과
주름주름 밀려오던 외로움
깨어 있기 위해 몸부림하던
젊은 날을 생각할 것이다.

세상은 깨어 있는 사람들이 움직여 나가는 것
그 분 앞에 단독자로 서기 위해
더욱 처절하게 깨어 있어야 한다.
영혼의 비만증과 원초적 본능들을 극복하기 위해

With a jump, time crossed the river of time and tide,
And I've become an adult,
But, this night train which I got on
Would it still keep soothing
On a country boy's loneliness and fear!

When I get older
When I have seen much
more of life
With closed eyes even though I wasn't asleep,
I will think of British night trains,
I will think of emptiness, the loneliness surging one by one,
And my youth of writhing myself to keep alert.

The world is moved forward by the woken people.
To stand alone in front of Him,
Should I keep alert more desperately!
To free sluggish soul and overcome the basic instinct,

순간마다 찰라마다 깨어
있어야 한다.

나는 지금 밤기차를 타고 브라이튼으로 간다.

Should I keep awake
every moment, every minute!

I am going to Brighton on a night train now.

브라이튼의 하루

새벽녘
추위로 인해 잠이 깬 후
더 이상 잠들지 못하고
키 낮은 침대에 누워
새벽 빗소리를 들으며
연시 하품만 해대고 있다

탁자 위에 놓여진 찬 우유 한 컵과
텁텁한 시리얼로 아침을 때우고
반기는 사람 하나 없는
어학원으로 발길을 옮기면
그리움이 그림자처럼 엉겨 붙는다

청바지에 손을 넣고
1파운드짜리 동전을 만지작거리며
브라이튼 해변을 따라 걷는다.

힘들게 교회를 건축했지만
내가 한 일이 아니란 사실을,
나는 아무것도 아니며

A day in Brighton

After waking up at dawn
Due to the cold,
Not falling asleep again,
Lying in my low bed
Hearing the sound of rain
I yawn continuously.

After substituting some cereal for breakfast
With a glass of cold milk on the table,
Where I have to move to the Language School
In which nobody is delighted to see me,
A yearning sticks to me like a shadow.

With my hands in my jeans
Fumbling with the pound coin in my pocket
I walk along the seaside of Brighton.

Although our church has been reconstructed
I must corroborate that
I have done nothing,

그분 없이 존재할 수 없다는 걸
나 자신에게 확인시켜야 한다.
골수 골수마다 새겨 놓아야 한다.

신선놀음이라 부러워하는 이들과
사서 하는 고생이라고 혀를 차는
친구들을 뒤로 하고
무작정 떠난 영국 유학길

가끔 익숙한 것으로부터의 이별이
영혼을 맑게 행구는 창포 같은 것임을
다시 의식 속에 각인시킨다.

칙칙한 잉글리쉬 티 한 잔과
샌드위치로 점심을 때우고
허기진 배로
하숙집에 돌아와
구운 감자와 튀김 몇 조각, 계란과 과일로
저녁을 해결한다.

후줄근한 길가 포장마차에 들러

I am nothing,
And I will not exist without Him.
It must be engraved indelibly on my heart.

Leaving friends, envying me for merrymaking
Or telling me that to fry in my own fat,
Clicking their tongues.
I blindly came to Britain,

Sometimes, I identify
Parting with familiarity;
Is like sweet drink which rinses the soul clean.

After substituting sandwich for lunch
With a cup of English tea,
As soon as I come back
To the lodging house Empty-bellied
I substitute roast potatoes, boiled eggs and some fruits for dinner.

How lucky to help myself with Odeng* and

오뎅과 순대로 배를 채우고
김나는 호떡을 마음껏 먹을 수 있다는 건
얼마나 큰 행운일까.
입에 길들여진 음식을 먹고
맘에 드는 사람과 함께 있다는 건
얼마나 큰 축복일까.

사랑은 따끈한 오뎅 국물 같은 것이라고
어느 시인이 말했다지만
어쩌면 사랑은
모락모락 김이 피어오르는 호떡 같은 것,
추위에 몸이 언 누군가에게
따끈한 한잔의 잉글리쉬 티 같은 것

형체 없는 시간에 쫓겨 다니다
깔끔하지 않은 하루를 보내고
오지 않는 잠을 청하려 자리에 눕는다.
나 자신에게 떠났던
고단한 여행을 마감한다.

Soondea*
And taste steaming Hodduck*
In a flaggy wheeled stall in the street!
How blessed to have familiar food,
And be with persons whom I like!

A poet said
"Love is like hot fish paste soup"
Perhaps,
Love may be thick steaming pancake
Or a cup of English tea
For frozen person.

After being chased by the time without shape
And spending a day without contentment,
I lie down trying to sleep
And close the fatiguing voyage to myself.

Odeng* : fish paste
Soondea* : a sausage made of bean curd and green-bean
　　　　　sprouts stuffed in pig intestine
Hodduck* : a stuffed pancake

심마니

산 속에서 산을 찾고
길 위에서 길을 묻는다.

길은 길 위에
포개어 사라지고
산은 산 속에
몸을 숨기며 보이지 않는데

가도 가도
끝없는 길
고단한 심마니의 길

A Ginseng-digger

Finding another mountain in the mountains
A Ginseng-digger asks his way along the way.

Roads lie one upon another and disappear
on the way.
A mountain hides its body in the mountains
and is out of sight.

For days and days on end
An endless way!
Ginseng-digger' s way is exhausting!

단풍

그대는 마치
단풍과 같다

내면 깊이 간직한
자신의 색깔로
화려하게 타오른다.
열병을 앓는다.

마지막을 알기에
색깔 더욱 붉고
그 외침 더욱 절절하다

하여
단풍은 빛깔로 노래하고
색깔로 울음 운다.

멀어질수록
타오르는 색깔 느낄 수 있듯
오히려 떠나온 뒤
하나 되는 그대

Scarlet tinged leaves

You
Remind me of tinged autumnal leaves.

With their rich colours that
Have nurtured deeply
You are ablaze with it
As though afflicted with a fever!

They know ideal moment.
So, turn red, scarlet deeper,
Shout out more ardently.

Therefore,
Crimson foliage sings with the colour,
Cries out with the colour!

From a distance,
The colour intensifies.
After leaving you,
I feel more united with you.

온몸이
불덩이 되고
숯이 된다 해도
오직 사랑할 단 하나의 사랑

내 영혼의 반쪽

The whole body
Is in a blaze,
And turns to charcoal,
You are my only love.

Half of my soul.

흐르는 나무

나무는
살았을 때보다
죽어 악기가 되면
더 아름다운 소리가 난다

쓸쓸하게 잎을 떨구고
숲 동네를 흔들고 지나가는
스산한 가을바람 소리가 아니라
잠든 영혼을 일깨우는
천상의 음률이 된다.

지금 막
내 몸을 감고 지나는 바람 소리는
쓸쓸한 가을바람 소리일까?
잠든 영혼을 깨우는
천상의 메시지일까?

Flowing trees

Trees
Make more beautiful sounds
When they become instruments after death
Rather than when they are alive.

They don' t become the violent wind
That shakes their leaves down,
Rattles the wood and the village,
But they become the heavenly music
That shakes souls out of their sleep.

At this moment,
Is the wind that twines around my body
A gloomy autumn breeze?
Or the heavens message
That shakes sleeping souls?

나무는 꼿꼿이 선 채 임종을 맞는다

새벽 2시
노(老) 감독의 위독함을 듣고
주섬주섬 시간을 입는다.

급하게 차에서 내리다 문득
길가에서 죽어가는 가로수
그 서서로운 죽음을 본다.
수도 공사를 하느라
잘못 건든 포크레인 때문인지
영양분을 끌어 올릴 만한 힘이 부쳐서인지
서서 고개를 숙인 채 죽어가는 가로수를 본다.

집 떠나와 이민 온 후로
다시 돌아가지 못한 가로수의 운명
죽음보다
깊은 세월을 견디며
뿌리내린 곳에서
선 채 임종을 맞는다.

Trees face their last moment of life still standing

As of 02:00 hours
I heard an elder bishop' s critical condition,
I wear memories piece by piece.

Going to him quickly, Unexpectedly,
See the stoic but solemn death of a tree lining a street.
Like from an ill-used forklift
During road works,
Or because it is too weak to take in nourishment.
See the dying tree, stand and droop its head.

After leaving home and immigration,
The fate of the tree that cannot return!
Standing upright against a longer time
Than death,
Still Standing, faces its last moment in the place where it put down roots.

홀로 월남하여
친척도 없는 썰렁한 새벽
둘러서서 울고 있는 식구들에게
마지막 힘을 다해 노 감독(老監督)이 외친다.

"나 죽으면
책은 신학교에 기증하고
시체는 길가 가로수에게 비료로 주어라.
동네 거지들을 불러다 잔치를 베풀고
값나가는 물건은 팔아 양로원에 주어라.

아, 뭘 하고 있어.
속히 송장 치워!"

He came south over the border alone.
In a chilly dawn without a friend
From his family standing round and sobbing
He cries out with despair.

"After my death, Donate my books to a seminary,
Give my dead body for manure to feed trees lining a street.
Put on a feast for the tramps,
Sell my valuables for a home for the aged.

Alas, what are you doing?
Take the corpse away!"

산길

어깨를 걸고
떼로 몰려다니는 바람에
가슴을 다쳐
산이 운다.

산은
가슴으로 파고들어 온
길에게
길을 내주고

산품으로
걸어 들어간 길은
가슴을 헤집고
등 뒤로 떠난다.

집 떠난 아들 녀석도
길 따라 산품으로 들어가고

A mountain path

Because of the winds that
Move around in crowds
With their arms around each other' s shoulders,
The mountain hurts inside
And cries out!

The mountain

Gives to the path that became

A pass

A way that walked in

To the mountain' s heart,

It tears the mountain' s heart out

And turns against it.

When my son left home
He also stepped along the mountain path.

꺼이 꺼이
울고 있는 산 뒤에서
하늘에 떠 있는 북두칠성이
흩뿌려진 보석들을
쓸어 담고 있다.

Whoosh, whoosh!
The mountain is crying out.
Above, the Great Bear in the sky is
Sweeping and pulling
The scattered jewels together.

반신욕

몰려오는 바람처럼
TV에서 나오는
광고바람을 따라
반신욕을 한다.

낡은 욕조에
뜨거운 물을 받아
몸을 담근다.

명치 밑 세포들이
화들짝 일어서며
홍조를 띠는데

물을 먹는 건 아랫도리인데
땀을 뱉는 건 윗도리다.

죽자 살자
고생하는 부류는 따로 있는데
가만히 앉아서

Hip-bath

Like winds coming in crowds,
According to the advertisement
On TV in popular culture,
Do have a hip-bath!

In an old bathtub
Fill with hot water,
Put my body in the water.

The skin cells are
Startled into a flash.

The lower part soaks up the water
But the upper part spews it out in sweat.

Separately from those who undergo all sorts of hardships,
Some groups are just sitting,

노폐물을 흘리며
신선놀음하는 자는 따로 있다.
세상이 욕탕 속에 담겨 있다.
작은 몸부림에도 출렁거린다.

Eliminating wastes,
And making merry.
The world is in the bathtub.
By small movements, the water is slopping from side to side.

내숭

바람 든 산이
손을 뻗어 소리쳐 불러도
바다는 못 들은 척
모로 누워 뒤척이더니

산이 북극성을 베고
잠이 들 때쯤에야
슬며시 다가와
발가락을 간질인다.

Put on an innocent air

The mountain flirting
Stretches out his hands,
And call out.
The sea pretends not to hear it.
But just lies on her side and rolls over.

When the mountain, with his head on Polaris,
Falls asleep,
The sea stealthily approaches,
Then tickles his toes.

나무

아이가 켜고 있는
바이올린에서
수천 고지 록키산맥 정상이 들린다.

더 이상 살 수 없다는
식물성장제한선
그 아슬아슬한 인생의 끝자락에서
피워 올리는 음률의 향연

북쪽으로 기울어진 나무가
더 아름다운 소리를 낸다.
북풍한설을 견딘 나무만이
소리의 맛이 난다
인생의 뜻을 안다

Trees

From the violin played by a child
Come the sounds of thousands of heights
Of Rocky mountains.

The tree line
In which plants cannot live any more.
From the risky edge of life
Scents a banquet of tones and rhythms.

The trees tilted toward the North
Make more marvelous music.
Only the trees having endured the North winds
and snowfalls
Enhance the sound,
And know the meaning of life.

이별

일찍 떠나는 이유는
뒤에 남겨진 채
그리움을 삭여야만 하는 아픔을
이길 자신이 없기 때문이다

불혹의 나이를 훨씬 넘긴 지금
수많은 이별을
반복하며 살아와
익숙할 때도 되었건만
여전히 이별엔 서툴다

그리움은
아무리 긴 시간이 흐른다손쳐도
면역되지 않는다.
어떤 약속에도
익숙해지지 않는다.

Farewell

The reason why I leave early
Is because I have no confidence to overcome
The pain from the longing to please,
Being left behind.

Now, my fortieth birthday draws near
And in spite of the repetition of farewells
During my life,
I should be familiar with it,
But, I am still learning to say goodbye.

For yearning,
Even though a long time passes,
I am still affected.
In spite of any promise,
I am not accustomed.

등산가

먼 산은 늘 아름답다

그러나 가까이 갈수록
똥 오물 쓰레기 많다
그러나
산을 사랑하는 등산가는
오물로 인해
산을 멀리 하지 않는다.

우리가 몸담은 교단과 사회
여전히 넘쳐나는 쓰레기
그러나 하나님의 백성들은
그것들로 인해 교단과 교회를 등지지 않는다.

현상(現象)으로 본질(本質)을 대치하지 않는다.

Mountaineers

A faraway mountain is beautiful.

But, the closer we go,
The more faces we see, filth and garbage.
However,
The mountaineers who love mountains
Because of the filth,
Do not avoid mountains.

We stay in the religious body and society
With the rubbish.
But, we are still God' s people
And do not avoid them.

Phenomenon does not take the place of substance.

벽

마주보던 벽이
상대 벽에게 말했다
"우리 모서리에서 만나"

얼마나 사무치게 그리웠으면
손 내밀어도 잡을 수 없기에
모서리를 향해 달리는
벽들의 행진

그래도
만날 상대가 있는
마주 보는 벽은 행복하다
오늘 우리는
달려갈 모서리가 없다
광장뿐이다

우리 시대의 사랑은
늘 평행선이다
광장 속에 갇혀버린
모서리뿐이다

Walls

Confronting wall
Says to opposite wall
"Let's meet at the corner!"

How much they long for each other!
They can't hold their hands,
Just run towards the corner.
The march of walls!

Nevertheless
Having a mate to meet,
Each wall is happy.
Today, we
Have no corners to run towards
Only open space!

In this generation, loves
Are always parallel
Just edges
Locked in the plaza.

노을

강물을 타고
노을이 가네.
하늘하늘 하늘 길로
노을이 가네.
노을은 사라질지언정
낡아지는 법이 없지

노을은
창명한 하루와
태양이 만드는 멋진 조화
그 어느 것 하나만으로는
노을을 만들지 못하지

강물은 길을 열어
노을이 가는 길을 만들고
진홍빛 송이불꽃 위로
노을이 가네.
노을은 힘없이 지지 않고
간다네. 노을이.

Sunset

Riding river water,
The sunset goes.
Lightly in the sky,
The sunset goes.
The sunset disappears, though,
But it is not worn out.

Sunset,
A great harmony,
Blended in with a clear day and the sun.
It is not created
By only one element.

Rivers open the route
And make the sunset go through.
Over the sparks of scarlet flakes,
The sunset goes.
The sunset goes.

오월 단오 날 색동옷에
새내기가 널뛰듯
너풀너풀 너풀대며
노을이 가네.
진홍빛 송이불꽃 위로
노을이 가네.

Like a novice plays at teeter-totter
In a rainbow-striped garment of Tano day,
Fluttering away,
The sunset goes.
Over the sparks of scarlet flakes,
The sunset goes.
The sunset goes.

바람과 깃발

창밖을 지나는 바람은
눈에 보이지 않지만
깃발 위에서 부활한다.

잠든 깃발을 흔들어 깨우고는
서둘러 떠난다.

잠들었던 깃발은
바람으로 인해 춤을 추고
바람은
깃발 위에서 부활한다.

나도 언제나
잠 털고 일어나
내 몸을 깨우고 지나가는
그분의 존재를 보일 수 있을까
내 몸에 잠시 머물러
잠자는 나를 나부끼게 하는
그 분의 살아계심을 증명할 수 있을까

wind and flag

The wind passing by the window
Is invisible
But formed by a flag.

The wind shakes flag from sleep
And dashes away in hurry.

The sleeping flag
Dances due to the wind,
The wind
Lives through the flag.

When can I shake off my sleeping
And show the One who wakes me up
And passes by?
When can I prove His living
Who causes me to flutter,
Dancing a short while
Through me?

차창 너머
모든 게 바람에 흔들리고 있다
바닷물결도 횟집 입간판도
옷 벗은 겨울 나목(裸木)도

햇빛은 통과시키고
바람을 막아주는
따사로운 실내에 있는 내게
주님은
밖에 나와 서라 한다.
바람 부는 대지에 발 딛고 서서
온몸으로 나부끼라 한다.
그분의 살아계심을 증명해 보이라 한다.

Out of the carriage window,
Everything is rattled by the wind;
Sea waves, a Sushi restaurant's signboard and a bare winter tree.

I am behind the pane
That allows sunlight through
And shuts out the wind.
He tells me to come outside
And to dance with my whole body,
As the flag is blown by the wind,
He invites me to testify
His living existence.

산과 구름

겨드랑이를 간지럽히며
다가서는 구름의 행위가
산을 위로하지 못한다.

이따금
산이 재채기를 하고
너털웃음으로 반응한다 해도

저물녘
산은 집나갔던 새들을
품안에 다시 불러들이고
도닥이지만
그 텅 빈 가슴을 위로할 길 없다

산의 그 깊은 외로움을
서럽도록 쏟아지는 아픔을
구름은 알지 못한다.

Mountain and cloud

Flirting with the mountain
The approaching cloud tickles.
The mountain remains inconsolable.

Although, from time to time
The mountain sneezes
And reacts with a guffaw.

At twilight
The mountain calls birds home
Into his arms and calms them.
But,
The mountain remains inconsolable.

The cloud remains unaware of
The mountain' s deep loneliness
And his doleful agony.

언제일지 모를
죽음의 날을 느끼면서도
대지 위로 곤두박질하는
구름의 아픔을
대기 속으로 장렬히 산화하는
구름의 고통을
산은 알지 못한다.

제 가진 것 모두 남에게 주고
흔적조차 없어지는
절대무(絶對無)의 고독함을,
한 번도 길 떠나보지 못한
산은 알지 못한다.

Although the cloud is unaware
He realizes the day of death.
The cloud' s sorrow
Falls headlong to the ground.
The cloud' s pain
Dies a heroic death in the air.
The mountain remains unaware of

After giving everything to others,
Vanishing into thin air,
The solitary cloud comes to nothing.
The mountain has never moved.
The cloud remained inconsolable.

독수리(1)

높은 벼랑 위에 앉아
삶을 접은 채
떠도는 구름을 직시한다.

독수리의 눈 속으로
흐르는 산

지금은
인고와 기다림의 기간
발톱 감추고
날개 접어
비상을 준비한다.

삶에 묻은
나태함과 일상성을
떨어버리려
깎아지른 절벽 끝에
자신을 세운다.

An eagle(1)

Sitting on a cliff,
Renouncing life,
An eagle stares at the clouds adrift.

In the eagle' s eyes
The mountain floats.

In this moment!
A preparatory period.
The eagle hides its talons,
Furls its wings,
Prepares to soar upwards.

To discard
Idleness and routine
Stuck to our life
On a vertical cliff
It holds itself erect.

절벽 끝에 서야
비로소
자유롭다

For the first time,

On the edge of the cliff,

It feels free!

독수리(2)

오르면 오를수록
공기 저항이 세다
날개 죽지가 아프다
숨이 턱턱 막힌다.

바다 속 깊이
내려가면 갈수록
수압이 세다

열심을 내면 낼수록
나는 자꾸 부서진다.
사랑하면 할수록
마음을 다친다.

An eagle(2)

The higher he soars,
The stronger air resistance there is.
The heavier his wings
The more stifled he is.

The deeper down into the sea,
The higher the water pressure.

The more enthusiastic I am,
The more shattered I am.
The more I love you,
The more I hurt my heart.

산과 고목

깎아지른 절벽 끝에
외다리로 서 있는
고목 한 그루
그 아뜩함

세찬 비바람 얼굴 때리고
부드러운 훈풍이 유혹할라쳐도
발 딛고 선 자릴 뜨지 못한다.

지친 물총새 날아와 날개 접고
산안개 속에 얼굴 묻으면
혼곤한 하루 해가 진다

나무들 모여 산이 되고
산들은 나무를 키운다.
고목으로 인해 산은 살아 있음을 느끼고
산으로 인해 고목은 생명을 얻는다.

A mountain and an ancient tree

At the edge of a perpendicular cliff
A one-legged
Ancient tree!
The giddiness!

Heavy rains and high winds slap his face,
The soft warm breeze tempts him,
But the tree remains firm.

A tired kingfisher alights and furls its wings
His face concealed in the mountain fog
Against the setting of the languid sun.

Trees come together; they become a mountain,
The mountain fosters the trees.
The mountain live through the ancient tree,
The trees receive life from the mountain.

야음을 틈타
기습하는 병사처럼
정상에서 스멀스멀 내려온 어둠이
산을 점령하면
산은 저항 없이
어둠에 자릴 내주고
집나갔던 새들을 불러들인다.
두려워 떠는 고목을 가슴으로 안는다.

산 속에 고목이 있고
고목 안에 산이 있다
당신 속에 내가 있고
내 영혼 심연 골짜기에 당신이 있듯

As a soldier making a surprise attack under the cover of night,
The darkness crawls down from the top
Occupying the mountain.
The mountain surrenders his place
Without any resistance,
Calling the birds who left home,
And embracing the trembling tree for fear.

The ancient tree is in the mountain,
The mountain is in the ancient tree!
As I am in you,
You are deep in my soul!

소리

귀가 막히면
입도 닫힌다.

듣지 못하면
말하지 말라는
자연의 섭리런가.

버스 안에서
다투는 두 노인
서로 귀를 막고
지르는 소리
서로가 내뱉는 건
말이 아니라 소리이다

오늘 우리가 사는 세상에
가득 찬 소리

듣지 못하면
말조차 하지 말라

Sounds

If your ears are blocked,
Your mouth is closed too.

Is it natural that
If we cannot hear,
We should not speak?

On a bus,
Two quarrelling old men
Both plug their ears
And shriek out.
What they create
Is not words, just sounds.

Today, our world
Is full of sounds.

If you cannot hear,
You should not speak.

고추의 고백

당신 밭에 심겨진 때부터
나는 이미 당신의 것입니다

내 몸을 비틀어
줄기에서 떼어내고
배를 갈라도
원망치 않겠습니다.
기절하리만큼 아파도
참을 수 있는 건
당신 향한
사랑 때문입니다

작열하는 태양 아래
나를 말려
팽팽했던 피부도 오그라들고
늙수그레하게 말라도
여전히 나는 당신의 것

Red pepper's confession

From the time I was planted in your field
I was already yours.

Even when my body
Is wrenched off the stem
And my belly cleave open,
I will not bear a grudge against you.
Even if I faint with pain,
I will endure
Due to my love for you.
Due to my love for you.

Even if the scorching sun
Dries myself off,
Shrinking bursting my skin
Causing me to shrivel,
I am still yours.

당신의 상에 오르길 꿈꾸며
심겨집니다.
거두어질 날을 그리며
익어갑니다

늙어가지 않게 하소서

I am dreaming to be served on your table.
I am planted.
I am longing to be reaped,
I am ripe.

Let me not grow old!

날마다 죽는 태양(太陽)

태양은 날마다 죽는다.
노을은 태양이 죽으며 남기는 유서

장례를 치르면서도 아무도 울지 않는다.
죽으면
다시 부활할 것을 믿기 때문이다

날마다 죽을 줄 알기에 태양은 겸손하다
죽는다는 걸 아는 사람은
겸손하다
하여 잘 죽을 줄 아는 사람도 겸손하다
날마다 죽는 이는
영원히 죽지 않는다.
매일 아침 여명 속에서 다시 부활하기 때문이다

태양은 죽지 않으려
안간힘을 쓰지 않는다.
때로 각혈하며
피고름 빛으로 유서를 남길라 쳐도

The sun who dies every day

The sun dies every day.
The sunset is its last will.

Nobody cries performing a funeral service
Because they believe in resurrection after death.

The sun who dies every day is modest.
The person who knows he has to die is modest,
So too, the person who how to die.
The person who dies every day does not die forever.
Because he rises again at dawn every day.

The sun does not restrain back an urge.
Sometimes, vomiting blood
And leaving behind its last will, the colour of bloody pus.

매일의 순명을 몸으로 받아들인다.
빛과 열을 모두 내어주고도
제 것이라 우기지 않고
죽음의 베일 속에도 사라져 간다.
서쪽 하늘 속에 미리 파놓은 지실(地室)로
하관된다.

나도 태양처럼 죽을 수 있을까
하던 일 모두 멈추고
그리운 사람들 모두
등 뒤에 남겨 놓고
미련 없이 허위허위 사라질 수 있을까

그리스도를 따르던 제자들은
태양처럼 날마다 죽었다는데
그래서 2천년이 지난 오늘도
매일 부활한다는데
나도 그분 위해 죽을 수 있을까
그 더럽게 외로운 어둠의 베일 속으로
홀로 걸어 들어갈 수 있을까

It stands up to its rack.
Giving out all light and heat,
Not insisting that those are its own,
It disappears in the veil of death.
It is buried to the soilhouse already dug
In the Western sky.

May I die like the sun?
Stopping work,
Leaving loved-ones behind,
Without lingering desire,
Can I disappear away?

It is said that the disciples who followed
Jesus died every day
Therefore, they are risen again today, even
after 2000 years.
May I die for Him?
May I walk alone
Through the severe dark veil?

매미와 고목

고목 등에 업힌 매미가 말했다.
 "무척 피곤해 보이는구나."
 "응, 묘목으로 여기 심겨진 후로
 한 번도 누워본 적이 없거든.
 더 많은 자양분을 빨아 올려
 가을을 준비해야 하거든."

고목이 매미에게 말했다.
 "네 울음소리는 오늘따라 슬퍼 보이는구나."
 "쉬지 않고 울어도 반응이 없거든.
 떠날 날이 가까워서
 열매 맺는 가을을 볼 수 없거든."

A cicada and an ancient tree

A cicada on an ancient tree' s trunk said
  "You look so tired."
  "Yes, I have stood since I was planted here
  as a seedling.
  I should absorb nutrients and prepare for
  Autumn."

The ancient tree told the cicada
  "You sound sad, today."
  "However much I may chirr, there is no response.
  With the approach of my departing
  I will not see the fruitful Autumn."

허기

수십 년 동안
빈 위장을 쉼 없이 채웠지만
어김없이 때만 되면
허기가 집니다.
익숙할 때도 되었지만
배가 고픕니다.

하나님,
수십 년간 당신 섬기고
당신의 이름을 불렀지만
때만 되면 당신으로 인해
배가 고픕니다.
당신 사랑에
허기가 집니다.

Hunger

For decades
I have stuffed my empty stomach
Nevertheless, at this very moment,
I feel hungry!
I should be used to
Being hungry!

Lord!
For decades
I have served you,
Called you.
Nevertheless, at this very moment,
I hunger for you!
I hanker after your love!

골수 기증

내 안에 남아 있는 피는 빼고
새것으로 바꿔야만 한다.
차량 냉각수를 갈 듯
엔진오일을 교환하듯
내 몸에 있는 피를 모두 바꿔야 산다.

어둠이 오고
또 얼마나 까무러칠지 모른다.
끝 간 데를 알 수 없는 통증 몰려오고
아뜩한 절망 앞에 선다 해도
혈액형조차 바꿔야만
살 수 있다

내가 살아선 안 된다.
과거를 그리워하거나
지난 전통을 고집해서도 안 된다.

Blood transfusion
(Bone-marrow donation)

I must remove the blood in me
And change into new.
As a coolant needs changing,
And engine oil needs changing,
All blood in my body needs changing.

Darkness comes,
How much can I take before I faint?
Although I am afflicted with unimaginable pain
And confronted to face the abyss of despair,
I must have transfusion(change even blood type to survive.)

I must not live;
Must not long for the past
Or adhere to tradition.

그분의 조혈모세포가
내 안에 이식되면
이제 내 몸은 그분의 것

나를 버리는 것은
혈액암보다 무서운 아픔
나를 바꾸는 일은
세상에 더함 없는 고통

하나뿐인 나의 당신이여,
내게 다가와
나를 바꾸소서.
나를 당신이게 하소서

Once His life blood
Is transplanted into me,
My body is His.

Giving myself up
Is more dreadful than the pain of transfusion
Changing myself
Is the most painful agony in the world.

You are only mine!
Come to me,
Change me!
Let me be You!

삭개오에 대한 회상

"난쟁이 녀석!"
"병신자식!"
여리고 사람들은 그를 그렇게 불렀다

열등감을 극복하려
억척스레 돈을 긁어모았고
출세만이 인생 전체의 목표였다

"병신이 육갑 떠네!"
무슨 일이 있을 때마다 동네 사람들은 혀를 찼다
눈을 흘겼다

그러던 어느 날부터 그의 별명이 바뀌었다

"미친놈!"
예수라는 사내를 만난 후라 했다
그는 분명 미쳐 있었다.

Reminiscence on Zacchaeus

"Dwarf!"
"You blockhead!"
People in Jericho jeered him.

Struggling to overcome himself,
He raked in money doggedly,
Success was his only goal.

"A fool behaves rampageously!"
People in village clicked their tongues.
Giving him sharp sidelong scowls.

Out of the blue, his nickname was changed.

"A mad man!"
After meeting a man called Jesus
He became crazy about Jesus.

평생 모은 재산의 절반을
가난한 자들에게 나눠 주었고
토색했던 사람들을 찾아 네 배씩 갚느라
곤혹을 치르면서도 좋아라 했다.

"실성한 게야!"
"예수 만난 후부터 돈 거라구!"
"쯧쯧쯧!"

그러나
나도 삭개오처럼 한번 미쳐봤으면
그렇게 살다 떠나 봤으면.

Half of his possessions given to the poor,
Embarrassed by extortion
He repaid them fourfold,
But he was happy.

"He has lost his mind!"
"After meeting a man called Jesus!"
"Tut-tut!"

However,
I desire the madness of Zacchaeus.
If I could only have lived like him.

사랑보다 깊은 그리움

사랑한다는 말
안 해 주셔도 됩니다.
그저 곁에만 있어 주시면 됩니다.
빙그레 웃는 웃음만으로
그렇게 지켜만 주십시오.

오지 않으셔도 됩니다.
그러나
깊고 시린 밤
견딜 수 있게
그리움 한 자락 가슴에 심어 주십시오.

사랑보다 깊은 그리움으로
그댈 그리워하게 하십시오.

A deeper yearning than love

Don't need to say
"I love you!
Just stay by me.
Smile happily at me.
Watch over me like that.

Don't need to come
But
Save me
From the dead, cold night.
Implant a yearning in my heart!

In the deeper yearning than love
Let me ache for you!

부활절 아침에 읽는 시 한편

이렇게 살다
떠나도 되는 걸까

올해도 어김없이 수난절이 오고
부활절이 왔는데
아무런 감동이나 가슴 설렘 없이
이렇게 맞아도 되는 걸까

헌금봉투에 얼마의 헌금을 넣고
시계를 보며 몇 끼를 금식하고
달력에 빗금을 치며
특별 기도를 하다가
삶은 달걀을 받으면 되는 걸까

불쌍한 우리 주님은
칸타타 속에서 태어났다가
수난절 때에는 어김없이 죽고
부활절 계란과 설교 속에서 잠깐 부활한다.
그리고 사람들은 서둘러 그를 장사지낸다.

Is this Easter morning?

Is it right to depart this life after spending time
like this?

Passion Week has come sure enough this year,
Easter has come, but
Is it right to greet like this
Without any emotion?

Is it right to put some money in the envelope,
To fast a few times glancing at the clock,
To offer a special prayer slashing each day on the calendar,
And to receive steamed Easter eggs?

Our poor Lord,
Born in the Cantata,
Killed in Passion Week,
Risen for a while in Easter egg and sermon,
Buried without ceremony.

우리에게 부활은 무엇인가
제자들에게 부활은 무엇이었나.
부활은 제자들에게
삶의 우선순위가 무엇인지를 가르쳐 주었다
우리들에게
어떻게 살아야 할지를 가르치고 있다

예수가 타고 갈 나귀 준비에 바쁘고
만찬 준비에만 열을 올리던 제자들
주님 나라가 임할 때 개국공신이 되는 데에만
혈안이 되어 있던 제자들에게

비난과 고난의 거리로 내 몬 것은 부활 체험이었다.
자기만을 위해 사는 사람들을 제자로 만든 것도,
액세서리 예수를 심장 예수로 만든 것도 부활신앙이었다
부활신앙이 아니고서는
지금의 이 난치병을 치유할 길이 없다

살아도 제대로 살지 못하면
죽어도 제대로 죽을 수 없다

What is Easter for us?
What was Easter for the disciples?
Resurrection taught
The disciples life' s priorities.
Resurrection is teaching us
How to live.

The disciples hurried to prepare a donkey,
Were enthusiastic to prepare the Lord' s supper,
And desperately keen to be honoured
When the kingdom of God comes!

Hands-on experience drove disciples to the street
of condemnation and affliction.
Faith in the resurrection made people living only
for themselves become disciples,
Only faith in resurrection can cure the world' s disease.

We need to live resurrected lives
In order to be received in death.

사랑한다는 말

모든 말
다해 주어도
사랑한다는 말 한 마디는
아껴두세요.

그 어느 날
극적인 순간을 위해
가슴 벅찬 이 한 마디는
아껴 두세요.

보화를 땅에 숨기듯
마음 헤쳐 씨앗 뿌리고
그리움으로 흙 덮어
그 어느 날
아름답게 피어날 때를 기대하세요.

자신의 품에 고추장을 품고
오래 익히는 항아리처럼
그렇게 기다림으로 익어가세요.

The words "I love you!"

You might give
Any other words.
But
Do spare the word "I love you!"!

One day
At the dramatic moment
Do save these words
To make your heart full!

As if you hide treasure in the ground,
Dig over your heart
And sow seed
Rake up yearning.
Do wait for the time of blossom!

Like a pot containing Gochujang
And allow it to mature,
Do mature yourself in waiting for!

모든 것 다 주어도
사랑한다는 말 한 마디는
아껴두세요.

Do give everything

But

Do spare the word "I love you!"!

* Gochujang- hot pepper paste

축복과 사명의 차이

모야모야병을 앓고 있는
15세 소녀의 투병을 지켜보다가 울었다
문득 건강한 것은 축복이 아니라
거룩한 부담이다
사명임을 깨닫는다.

곰팡이 냄새나는 지하 교회
서너 명 교인이 전부인 셋방 교회에서
월세 내는 날을 두려워하는
미자립 교회가
존재하는 한
더 이상 예쁜 건물은 축복이 아니다.
부담이다. 사명이다.

뼈까지 달라붙는
쇠꼬챙이같이 마른 몸을 하고
목마른 눈초리로 쳐다보는
아프리카 검은 대륙의
저 어린 것들이 있는 한

The difference between blessing and mission

Watching a fifteen year old girl' s story
Fighting against a fatal disease, I have cried.
Suddenly, I realized
Being healthy is not blessing, just a holy burden and mission.

An underground church with mouldy smell
A rented church with only a few members
A church with fear of monthly rent arrears
As far as there are churches not able to stand by themselves,
A gorgeous building is no longer blessing, just a burden and mission.

A dry bone
As thin as a lath
A thirsty look
As far as the young go hungry in black,
continental Africa,

하루 세 끼 따박따박 먹는 것은
더 이상 복이 아니다.
부끄러움이다.

잘 먹게 해주셔서 감사하다고
기도할 일이 아니다.
잘 먹게 되어 죄송하다고,
우리만 잘 먹는 게 못내 죄송하다고
내가 가진 걸 나눌 수 있는 용기를 달라고
기도해야 한다.

평생 한 번도
설교요청을 받아보지 못하고
부흥회 한 번 해보지 못한 동역자가 있는 한
더 이상 부흥회를 인도한다는 것은 자랑이 아니다
두려움이다. 빚을 지고 살아왔다.
이 빚을 갚기 위해
뼈를 깎아 보석을 만들고
훈련과 성실로 내 영혼을 맑게 헹궈야 한다.

Three meals per day are no longer blessing, just shame.

Do not thank God for eating well
Be sorry for eating well
Feel ashamed at eating well,
Pray for the courage
To share what we own

As far as there are ministers
Who have never been invited to preach
Who have never led a revival service,
Leading a revival service is not pride, just a fear and debt.
To pay off the debt,
Seek the pearl of great price
Rinse my soul clean through training and sincerity

사랑하는 이를 잃고
가슴 아파 울고 있는 교우가 있는 한
더 이상 내 자식이 건강하게 자라는 게 복이 아니다.
남들보다 앞서고, 칭찬거리가 많은 게 자랑이 아니다.
입 다물고 겸손히 그 분의 은혜를 기억해야 할 일이다.

As far as there are people crying out
After losing a loved one,
My healthy children are no longer blessing.
Superiority to another is not pride.
Humbly remember His grace, silently.

GPS

과속위험 구간입니다. 서행하십시오.

과속을 경고하며
GPS가 종알대고 있지만
도로는 꽉 막혀 병목현상을 보이고 있다.

가다 서다를 반복하는 도로 위에서
컴퓨터로 녹음된 윤기 없는 목소리.

심한 커브길입니다. 주의하십시오.
안전운전하시기 바랍니다.

10km 미만의 도로에서
무슨 과속을 걱정하는가.
삶보다 어려운 인생길에서
무슨 절망을 염려하는가.

GPS

"Over-speed danger area, please speed down!"

Serving a warning,
GPS directs.
There is a bottleneck on the road- blocked fully.

Repeating on and off
A lackluster tone recorded by computer!

"Slacken up speed for a curve!"
"Make sure you drive safely!"

Why do we worry about speeding on the road under 10km?
What despair are we concerned with in our hard life' s journey?

GPS수신 상태가 양호하지 않습니다.
차량을 다른 곳으로
이동하여 사용하시기 바랍니다.

때로 위성도 길을 잃어버리는가.
나는 어느 곳으로 이동하여
다시 길을 가야 하는가.
지금 내가 선 곳은 어디인가.

"This is bad reception!"
"Here is fringe area!"
"Turn the vehicle to other area!"

"Does a satellite get lost?"
"Where do I have to move to?"
"Where do I go to now?"
"Where am I now?"

갈대

바람이 불면 부는 대로
몸을 눕힌다.

지금은 바람에 맞설 때가 아니며
부러지지 않는 유일한 길은
바람을 이용하는 것이라고
스스로를 타이르며
그렇게 몸을 굽힌다.

비록 몸을 굽히지만
마음까지 굽히지는 않는다고
거듭거듭
다짐하며
몸을 굽힌다.

A reed

At the mercy of the wind
A reed lays its body down,

Tells itself firmly that
Now is not the moment to confront the wind.
The only way not to break
is to use the wind,
And bend down its body.

Even though it places its body down,
It does not break its spirit.
Once more
Promising itself,
It only lays down its body.

배는 물 위에서 최후를 맞는다

어린 배들이
천방지축 뛰어다니는
속초항 한 쪽 구석에
임종한 배 한 척이
가슴을 풀어헤친 채 떠 있다

기름기 둥둥 떠다니고
쓰레기 이리저리 흐느끼는
항구 물 위가
배가 잠든 무덤

배는
물 위에서 태어나
물 위에서 자라고
물 위에서 최후를 맞는다.

Ships meet their last in water

At Sockcho Harbour
Little ships dash to and fro
By the wharf
A bare-bosomed ship floats dead

Floating oil and
Waste lies around in the water
The waters of the harbour are tomb of the ship.

Ships are born in water,
They grow in water
And meet their last in water.

노곤한 심장은
더 이상 쿨럭거리지 않고
이끼 낀 손발도 물살에 썩고
하늘을 향해 열려 있는 동공
배의 임종은 과정이다.

철 모르던 어린 날도
싱싱했던 젊은 날도
당뇨에 고혈압에 골다공증에

제 몸에서 나온 녹이 쇠를 좀먹듯
제 몸에서 나온 이끼가 온몸을 덮어갈 때도,
이리저리 나무 관절들이 뒤틀려
삐걱대며 소리를 질러댈 때도
물 위에 있을 때는 늘 행복했다

배는 물 위에서 최후를 맞듯
교사는 교단에서 임종을 맞고

Tired hearts no longer beat
Rotten hands and legs become covered with bog moss
And pupils open up to the sky.
The last moment of a ship is a process.

From childhood days
From fresh young days
To suffering times - diabetes, hypertension, osteoporosis

As if the rust from its own body eats iron,
The moss from itself covers its whole body.
Even though it shouted out, creaking with dislocated joints
The ship was happy in the water.

As ships meet their last in water,
Teachers must meet their last on the platform,

군인은 전장에서,
목사는 강대상 위에서 최후를 맞아야 한다.
나는 어디서
어떤 모습으로 떠나야 할까.

Soldiers on a battlefield,

And ministers must meet their last in the pulpit.

And,

Where should I leave and how?

❙ 정학진의 시세계 ❙

초월과 내재의 신성(神聖)

유성호(문학평론가 · 한양대 교수)

1.

개신교 사제(司祭) 시인으로서는 매우 드물게, 정학진(丁學鎭) 시인은 '신(神)'을 향한 일방적이고 헌신적인 몰입이나 투사(投射)의 세계와는 일정하게 다른 시세계를 보여준다. 가령 그는 기도문이나 간증 성격을 지닌 시편들을 가급적 배제하면서, 구체적인 삶 속에서 만나는 하나님에 대한 의미 부여를 일관되게 수행하고 있다. 또한 그의 시편들은 잠언(箴言)의 속성을 강하게 지니면서, 삶에 지친 이들의 영혼을 따뜻하게 위로한다. 그래서 우리는 그의 시편들이 종교적 구속에서 한껏 자유로우면서도 동시에 하나님의 사랑으로 어김없이 귀속하는 과정을 선명하게 만날 수 있다. 그만큼 정학진 시편들은 구체적인 삶과 통합되는 신앙의 역동성을 아름답게 구축하고 있다 할 것이다.

성경적으로 말해서, 인간은 "마음은 원이로되 육신이 약한" 존재자들이다. 그 약함 때문에 항상 인간은 소망하는 바와는 전혀 다른 과오와 실책을 연발한다. 끊임없는 반성과 경책 속에서도 이 잘못은 줄어들지 않는다. 이러한 고통과 반성의 연쇄 속에서 '구원'과 '자기완성'이라는 종교의 근원과 목표가 설정된다. 종교학자 틸리히(P. Tillich)는 "종교란 가장 넓은 의미에서 그리고 가장 근본적으로 인간의 궁극적 관심(ultimate concern)"이라고 말한 바 있는데, 그 '궁극적 관심'의 본질이자 대상인 하나님의 현상학적 의미는, 그 점에서 종교의 가장 근원적인 근간을 이루는 것이다. 정학진 시인은 이러한 종교의 근원과 목표를 시 안에서 구현하되, 그것을 생경한 종교적 언어로 번안하지 않고 우리의 구체적인 삶의 맥락으로 수용하고 변형함으로써 깊은 실감과 감동을 얹어주고 있다. 이 글은 이러한 정학진 시편들에 대한 관견(管見)의 결과로 쓰여진다.

2.

시집을 가득 채우고 있는 정학진 시편들의 가장 확연한 특징은, 앞에서도 말했듯이, 구체적인 삶의 실감을 전하려는 데서 찾아진다. 그만큼 그는 추상과 선언을 배제

하고 구체와 실감을 중시한다. 가령 다음 시편은 '나침반'이라는 구체적 사물의 속성에 삶의 어떤 지남(指南)을 비유하고 있는 가편(佳篇)이다.

> 움직일 때마다
> 떨고 있다.
>
> 바늘 끝이 미세하게 떨고 있는 한
> 나침반이 가리키고 있는 방향을 믿어도 좋다.
>
> 떨고 있는 사람은
> 진실하다.
> 떨고 있는 사람의 말은 믿어도 된다.
>
> 두려움으로,
> 경외심으로,
> 떨고 있는 목사의 말은
> 떨고 있는 정치가의 말은
> 믿을 만하다.
>
> 두려움을 잃어버리고
> 번지르르하게 말하는 순간부터
> 죽은 것이다.

바늘 끝이 떨림을 그치고
고정되는 한
나침반은 죽은 것이다.

내가 목마르다
한평생 목마름 속에 사신
스승을 따라가는 사람들도
목마를 일이다.
그 허기짐을 면하는 날
그 갈급함이 사라지는 날
죽은 것이다.

─「나침반」 전문

   살아 있는 '나침반'은 제대로 된 방향을 가리키기 위해서 늘 움직인다. 그 "움직일 때마다/떨고" 있음 자체가 나침반의 존재 증명의 상태라 할 수 있다. 말하자면 "바늘 끝이 미세하게 떨고 있는 한/나침반이 가리키고 있는 방향"은 신뢰할 수 있는 것이다. 마찬가지로 목회자나 정치인이나 내적 떨림을 가지고 있는 사람은 믿을 수 있다. "두려움"과 "경외심"으로 떨고 있는 사람의 말은 믿을 수 있는 것이다. 물론 이때의 두려움은 '공포'가 아니라 '경외'의 뜻이다. 그 두려움을 잃어버리고 사는 모든 존재자는 죽은 것이나 다름없다. 마치 바늘 끝이 떨림을 그치고 고정될 때 나침반이 무용지물이 되듯이 말이다.

그래서 시인은 "한평생 목마름 속에 사신/스승을 따라가는 사람들"에게 목마름을 권유한다. 그 허기와 갈급이 그치면 죽은 것이나 다름이 없기 때문이다. 이처럼 이 시편은 우리가 가져야 할 참된 삶의 자세에 대해 노래한다. 그것은 경외심에 바탕을 둔 '허기'와 '갈급'이다. 그 결핍의 상태에서 충일(充溢)을 지향하는 '떨림'이야말로 시인이 지향하는 일종의 '형이상학적 전율'을 환기한다. 그 에너지를 통해 시인은 우리의 전(全) 존재를 초월적이고 내재적인 '신성'에 가 닿게 한다. 마치 모세가 하나님을 처음 뵈었을 때 온몸을 떨었던 것처럼 우리의 영혼도 이렇게 전 존재로 전율하게 된다.

이어서 시인은 그 '허기'와 '갈급'의 힘에 대해 여러 번 노래한다. 가령 "너도 인생의 어느 한때/세상을 향해 소리쳐 본 적이 있느냐/한 시대를 끌어오기 위해/목 놓아 울어본 적이 있느냐"(매미(1))라면서 갈급의 중요성을 노래하고, "당신 사랑에/허기가 집니다."(「허기」)라면서 허기를 통한 사랑의 역동성에 대해 노래한다. 이러한 역리(逆理)의 상상력이 그로 하여금 숱한 역설을 구사하게끔 하고 있는데, 가령 "나는 죽어야 비로소/살아 움직일 수 있다"(「우표」), "나이를 먹어갈수록/산다는 것은/텅 비어져 간다는 걸"(「고목」), "절벽 끝에 서야/비로소 자유롭다"(「독수리(1)」) 같은 신앙적 역설을 산출하게 하는 것이다. 이러한 상상력의 극점에, 허기와 갈급이 신앙적 역동성의 근원이었듯이, '죽음'이야말로 삶의 새로운 출발점이라는 해석이 움트게 된다.

나무는
살았을 때보다
죽어 악기가 되면
더 아름다운 소리가 난다.

쓸쓸하게 잎을 떨구고
숲 동네를 흔들고 지나가는
스산한 가을바람 소리가 아니라
잠든 영혼을 일깨우는
천상의 음률이 된다.

지금 막
내 몸을 감고 지나는 바람 소리는
쓸쓸한 가을바람 소리일까?
잠든 내 영혼을 깨우는
천상의 메시지일까?

—「흐르는 나무」 전문

죽어서 악기가 되는 나무의 생태를, 역시 삶의 어떤 정신적이고 영적인 경지에 비유하고 있는 시편이다. 시인은 나무가 "죽어 악기가 되면" 더욱 아름다운 소리를 내는 존재로 탈바꿈되는 순간을 노래한다. 그 아름다운 소리는 물론 쓸쓸하게 부는 가을바람 소리와는 전혀 다른, 잎을 떨어뜨리면서 가을 숲에 서 있을 때의 나무가 내는 소리와는 전혀 다른, "잠든 영혼을 일깨우는/천상의 음률"로 몸을 바꾼다. 그때 시인도 "지금 막/내 몸을 감고 지나는 바람 소리"를 통해 그것이 그냥 부는 "쓸쓸한 가을바람 소리"가 아니라 "잠든 내 영혼을 깨우는/천상의 메시지"임을 발견하고 기억한다. 그래서 이 시편은 나무가 내는 소리를 통해 일종의 존재 전이(轉移)를 치르는, '영혼'을 깨우는 음성을 듣는 이의 노래라 할 것이다.

그렇게 정학진 시인의 밝은 귀는 뭇 사물이 내뿜는 소리들을 선명하게 듣는다. "매미 울음이/가슴을 울리는 건/얼마 남지 않은 시간 때문"(「매미(2)」)이라면서 매미 울음을 듣고 있고, "아이가 켜고 있는/바이올린에서/수천 고지 로키 산맥 정상"(「나무」)을 듣기도 하고, "오늘 우리가 사는 세상에/가득 찬 소리//듣지 못하면/말조차 하지 말라"(「소리」)면서 '소리'가 가지는 이중의 성격을 응시하기도 한다. 또한 정학진 시인은 "영혼을 깨우는" 어떤 언어에 대해 강렬한 옹호를 보내는데, 그래서 "세상은 깨어 있는 사람들이 움직여 나가는 것/그분 앞에 단독자로 서기 위해/더욱 철저하게 깨어 있어야 한다."(「브라이튼 행 밤기차」)라고 힘주어 노래하는 것이다.

이처럼 정학진 시편들은 '떨림'과 '허기'와 '갈급'으로, 존재를 다해 울리는 '천상의 음률'로, 세속에 내던져진 이들의 영혼을 일깨우고 스스로를 반성적으로 사유한다. 이러한 아(我)와 타(他)에 대한 균형 있는 성찰과 믿음이 그의 시편을 일방적인 호교(護敎)의 산물과 선명하게 구별되게끔 하는 것이다.

3.

본래 인간이 갖는 '종교적 상상력'은 두 가지 층위에서 발원되고 결정(結晶)되고 실현된다. 그 하나가 일상적 자아의 감각 및 인식을 뛰어넘는 어떤 '초월적 존재(혹은 궁극적 실재, ultimate reality)'에 대한 열망과 추구에서 발원하는 것이라면, 또 하나는 그와 반대편의 것으로서 지상적(地上的) 인간으로서의 현세적 욕망의 실현 의지와 연결된다. 전자가 인간이 근원적으로 갖는 물리적, 육체적 한계를 극복하고 좀 더 온전한 세계를 바라는 초월 혹은 성화(聖化)의 의지와 관련된다면, 후자는 인간 사회에서의 윤리적, 생활적 갱신 의지와 맞물린다. 물론 후자의 경우, 현세적 기복의 욕구가 기초적 보상 심리를 이루고 있는 것이 사실이지만, 고등 종교의 경우 그러한 일차적인 욕망의 실현 여부와 관계없이 종교적 유토피아를 건설하려는 종교 철학 내지 종교 윤리학의 형식이 중요성을 띤다.

따라서 영원성에 대한 추구, 신성(神聖)의 지상적 복원, 초월 의지, 영성에 대한 감각, 사랑의 윤리 구현, 그리고 모든 불가시적인 세계에 대한 견자(見者)로서의 역할을 자임하는 종교적 상상력의 시적 수용은 매우 중요한 우리의 탐구 과제가 된다. 더구나 그러한 종교적 상상력이 현실적으로 나타나고 형상화되는 데는 시적 언어의 형식을 띠게 됨으로써, 시와 종교는 언어 형식에서 매우 밀접한 구조적 상동 관계를 형성하게 된다. 시의 언어가 제한된 물리적 언어 구조를 통해, 근원적이고 불가측한 인간의 욕망이나 세계의 실상 혹은 그 이면에 살아 움직이는 세계를 파악하려는 충동으로 가득하다는 점에서, 시와 종교의 근원 탐구적 성격은 상호 인접성을 띠게 되는 것이다. 정학진 시세계의 저류(底流)에는, 이러한 시와 종교의 근원 탐구적 속성이 강하게 결속하여 흐르고 있다.

창밖을 지나는 바람은
눈에 보이지 않지만
깃발 위에서 부활한다.

잠든 깃발을 흔들어 깨우고는
서둘러 떠난다.

잠들었던 깃발은
바람으로 인해 춤을 추고
바람은
깃발 위에서 부활한다.

나도 언제나
잠 털고 일어나
내 몸을 깨우고 지나가는
그분의 존재를 보일 수 있을까
내 몸에 잠시 머물러
잠자는 나를 나부끼게 하는
그분의 살아 계심을 증명할 수 있을까

차창 너머
모든 게 바람에 흔들리고 있다
바다 물결도 횟집 입간판도 옷 벗은 겨울

나목(裸木)도

　　햇빛은 통과시키고
　　바람을 막아주는
　　따사로운 실내에 있는 내게
　　주님은
　　밖에 나와 서라 한다.
　　바람 부는 대지에 발 딛고 서서
　　온몸으로 나부끼라 한다.
　　그분의 살아 계심을 증명해 보이라 한다.
　　　　　　　　　　　　　—「바람과 깃발」전문

'바람'은 눈에 보이지 않지만 '깃발'을 펄럭이게 함으로써 그 존재가 확인된다. 그래서 시인은 '바람'이 "깃발 위에서 부활한다."고 표현한다. 이렇게 잠든 '깃발'을 깨우고 사라지면서 '바람'은 자신의 존재를 선명하게 증언한다. 앞에서 본 "잠든 영혼을 일깨우는/천상의 음률"(「흐르는 나무」)처럼, '바람'은 잠든 '깃발'을 흔들어 깨운 것이다. 그 결과 "잠들었던 깃발은/바람으로 인해 춤을 추고/바람은/깃발 위에서 부활한다." 이는 마치 성령의 어원이 '바람'에서 왔고, 야훼 닛시(Yahweh Nissi)의 상징이 '깃발'임을 적극적으로 환기한다.

이때 시인은 자신 역시 "잠 털고 일어나/내 몸을 깨우고 지나가는/그분의 존재를 보일 수 있을까" 하고 되묻는다. 마치 '바람'처럼 "잠자는 나를 나부끼게 하는/그분의 살아 계심"을 증명하는 일이 자신의 삶이 아니었던가. 그런데 자신은 "햇빛은 통과시키고/바람을 막아주는/따사로운 실내"에서 만족하고 있었던 것이다. 그때 하나님은 시인으로 하여금 실외로 나와서 "바람 부는 대지에 발 딛고 서서/온몸으로 나부끼라" 명령하신다. 그것만이 하나님의 살아 계심을 증언하는 형식이 된다고 말씀하시는 것이다.

순간 시인은 "당신 속에 내가 있고/내 영혼 심연 골짜기에 당신이"(「산과 고목」) 계신 상태를 경험하고, "당신의 상에 오르길 꿈꾸며/심겨집니다./거두어질 날을 그리며/익어갑니다."(「고추의 고백」)라는 헌신의 고백을 드릴 수 있게 된다. 그래서 정학진 시편은 매우 충실한 고백(confession) 시편으로 거듭나고 있는 것이다. 그렇다고 그의 시편이 모두 순일(純一)한 고백으로만 충만한 것은 아니다. 가령 다음 시편은 얼마나 통렬한가.

불쌍한 우리 주님은
칸타타 속에서 태어났다가
수난절 때에는 어김없이 죽고

부활절 계란과 설교 속에서 잠깐 부활한다.
그리고 사람들은 서둘러 그를 장사지낸다.
　　　—「부활절 아침에 읽는 시 한 편」 중에서

　우리의 형식적이고 의례(儀禮)적인 신앙에 대해 날카로운 날을 세우는 그의 예언자적 감각도 이 시집을 읽는 망외의 즐거움이 아닐 수 없다. 그 힘으로 시인은 "그리스도를 따르던 제자들은/태양처럼 매일 죽었다는데/그래서 이천 년이 지난 오늘도/매일 부활한다는데/나도 그분 위해 죽을 수 있을까"(「날마다 죽는 태양(太陽)」)라면서 자신 스스로도 전혀 그리스도의 제자도를 실천하지 못했던 것을 안타까워한다. 그래서 시인은 "나도 삭개오처럼 한번 미쳐봤으면/그렇게 살다 떠나봤으면."(「삭개오에 대한 회상」) 하고 소망해보고, "입 다물고 겸손히 그분의 은혜를 기억해야 할 일"(「축복과 사명의 차이」)이라고 다짐해보기도 한다. 그러한 윤리적 염결성과 신앙적 의지는 굳건하게 결속하여 "하나뿐인 나의 당신이여,/내게 다가와/나를 바꾸소서./나를 당신에게 하소서."(「골수 기증」)라는 실존적 다짐을 낳는 것이다. 다음 소품(小品)들에 나타난 신앙적 의지도 매우 산뜻하지 않은가.

　　바람이 불면 부는 대로
　　몸을 눕힌다.

지금은 바람에 맞설 때가 아니며
부러지지 않는 유일한 길은
바람을 이용하는 것이라고
스스로를 타이르며
그렇게 몸을 굽힌다.

비록 몸을 굽히지만
마음까지 굽히지는 않는다고
거듭거듭
다짐하며
몸을 굽힌다.

— 「갈대」 전문

산 속에서 산을 찾고
길 위에서 길을 묻는다.

길은 길 위에
포개어 사라지고
산은 산 속에
몸을 숨기며 보이지 않는데

가도 가도
끝없는 길

고단한 심마니의 길

— 「심마니」 전문

'바람'이 불어오니 '갈대'는 그에 맞서지 않고 그저 바람이 부는 대로 몸을 눕힐 뿐이다. 지금은 바람에 맞설 때가 아니라면서, 갈대는 "비록 몸을 굽히지만/마음까지 굽히지는 않는다고" 거듭 다짐하고 있다. 이때 '마음'은 자신이 끝끝내 양보할 수 없는 어떤 정신적이고 영적인 자세일 것이다. 그래서 그는 "현상(現象)으로 본질(本質)을 대치하지 않는다."(「등산가」)고 말하는 것이다.

그 다음 시편에서는 '산'과 '길'의 변증법을 아름답게 보여준다. 가령 "산 속에서 산을 찾고/길 위에서 길을 묻는다."는 일종의 비의적(秘義的) 표현을 통해 "길은 길 위에/포개어 사라지고/산은 산 속에/몸을 숨기며 보이지 않는" 과정을 보여주는 것이다. 그럼으로써 시인은 결국 "가도 가도/끝없는 길" 곧 "고단한 심마니의 길"로 자신의 생을 은유한다. 이는 시인의 말대로 "제 가진 것 모두 남에게 주고/흔적조차 없어지는/절대무(絶對無)의 고독함"(「산과 구름」)을 응시하는 삶이라 할 것이다.

그렇게 정학진 시인은 '바람'처럼, '깃발'처럼, '갈대'처럼, '심마니'처럼, 뭇 사람들의 영혼을 일깨우며, 스스로는 역동적으로 펄럭이며, 몸을 굽히되 마음은 굽히지 않으며, 가도 가도 끝없는 고된 길을 오늘도 걷고 있다. 그에게 '신성'은 그렇게 초월과 내재의 양면적 속성을 아우르고 있는 것이다.

4.

결국 정학진 시집은 "온몸이/불덩이 되고/숯이 된다 해도/오직 사랑할 단 하나의 사랑"을 향한 "내 영혼의 반쪽"(「단풍」)의 소중한 고백록으로 우리에게 다가온다. 그 안에는 "사랑은/지친 이에게/자신의 등을 빌려주는 일"(「매미(3)」)이라든가 "생각이 바뀌자/아무 것도 가진 게 없었지만/잃은 것 또한 아무것도 없었다./달라진 건 아무 것도 없었지만/비로소 모든 걸 소유했다."(「벼랑 끝에 핀 고목의 노래」) 같은 잠언들도 아름답게 수놓아져 있다.

그런가 하면 "바람 든 산이/손을 뻗어 소리쳐 불러도/바다는 못 들은 척/모로 누워 뒤척이더니//산이 북극성을 베고/잠이 들 때쯤에야/슬며시 다가와/발가락을 간질인다."(「내숭」) 같은 살아 있는 비유적 묘사나, 「여자인 내 어머니를 위해」 같은 눈물겨운 성정(性情)을 보여주는 경우도 있다. 그야말로 "꽃처럼 스쳐 지나간" 어머니의 여자로서의 청춘을 자신이 불혹에 이르러서야 발견하는 과정은 슬프지만 아름답다.

또한 이번 시집에는 영국 방문 때 만난 이은정 씨의 공들인 영역(英譯) 시편들이 실려 있다. 그 역시 정 시인의 "실제 체험에서 수확한 진실성"을 확연한 미덕으로 꼽았다. 그만큼 정학진 시인의 초월과 내재의 신성(神聖)에 대한 고백과 진실하고 구체적인 그리움의 정서는, 그의 남다른 역동성과 함께 그만의 젊음을 지속적으로 확장해가는 원동력으로 자리할 것이다.

그래서 나도 말하려 한다.
바라건대 정학진 목사님!
몸도 마음도 영혼까지도 건강하시길. 우리의 젊은 날!

■ 영문 번역자의 후기 ■

정학진 시인과의 인연

이은정

타향살이 하는 이에게 같은 한국 사람이 반가운 것은 두말할 나위 없다. 이곳 영국에 살기 때문에 좋은 점 중의 하나는 가까운 유럽의 다른 나라를 맘만 먹으면 쉽게 왕래할 수 있고, 그 나라에서 열리는 한국 관련 행사에 참가할 수 있다는 것이다.

정학진 시인과의 만남도 그렇게 시작되었다. 독일에서 열린 〈감리교 유럽 유학생 대회〉에 참가하고 있던 내게, 초청강사로 오신 목사님을 시인으로 대면하는 기회가 주어졌다. 집회 이후 며칠 더 머무는 일정 속에서의 짧은 만남이 내게 이렇게 커다란 행운이 된 것은 하나님께서 주신 인연의 축복이라 믿는다.

정학진 시인이 영국 교회에서의 부흥회를 마치고 한국으로 귀국하시는 날, 아침 일찍 내게 전화를 주셨다. 이미 공항이라고 하시면서 갑자기 자신의 시를 번역해 보면 어떻겠냐는 제안을 하셨다. 나에게는 엄청난 일이요, 참으로 벅차고 얼떨떨한 순간이었다. 너무 기뻤고 겁도 났지만 최선을 다하기로 했다. 다행히 나의 서툰 작업에도 시인은 기뻐해 주셨다.

 프로로 활동하는 작가도 아니고 번역가도 아닌 내게 손을 내민 것은 시인의 사람을 향한 따뜻한 배려임에 틀림없다. 많은 경험을 가지고 업적을 이룬 실력 있는 번역가가 왜 그 분 주위에 없겠는가! 아마추어의 참신함을 원한다는 시인의 제안은 위험을 감수한 자비의 모험이리라. 공간적으로 멀리 떨어져 있었지만 시를 번역하는 내내 커뮤니케이션을 쉬지 않은 것은 인터넷 덕분이었다. 시를 번역한 후 이곳 영국 대학에서 공부하는 영국인 친구들과 먼저 영시에 대해 토론하고 글을 올린 후 시인과 대화를 시도했다. 그는 매번 보잘것없는 내 해석을 존중해 주고 믿어주었기에 그저 감사할 따름이다.

 시를 번역하면서 느낀 점을 간단히 적는다면, 내가 가장 깊이 빠졌던 정학진 시인의 시의 특징은 화자의 독특한 다

중성(多重性)이다. 한 시 안에서 화자(話者)는 그 시 속의 주인공(사람이든 사물이든) −즉, 서정적 자아가 되었다가, 객관적으로 시를 바라보는 해설가도 되었다가, 시를 읊는 독자가 되기도 한다. 어느 때엔 동시에 다른 세 주체가 가능하기도 하다. 충분한 감정이입(感情移入)을 유발시키는 이 열린 화자야말로 정학진 시인이 쓰는 시의 가장 큰 매력이 아닌가 한다.

또 다른 매력은 실제 체험에서 수확한 진실성이다. 목회 현장에서, 사람들 틈에서, 그를 둘러싼 환경 안에서 부딪치고 관찰하며 체득한 현상과 사실을, 이 모든 관계 속에 내재한 신과의 관계를 통해 진실성으로 확장하는 장력을 확보한다. 시골 목회에서 얻은 귀한 자연 현상과 그 안의 진리를 발견하는 그의 놀라운 감각과 시선을 통해, 읽는 독자는 그의 시 속으로 들어가 시의 일부가 된다.

시를 번역하는 내내 언어체계의 상이성(相異性)에 버금가는 문화적 차이의 벽이 만만치 않았다. 무엇보다도 안타까운 점은 우리말의 다양한 의성어나 의태어를 맘껏 표현할 수 없다는 점과, 때로 시인의 독창적 시어를 맛깔스럽게 살릴 수 없었다는 점이다. 한 단어 안에 의성어나 의태어의 의미까지 포함한 단어가 대부분인 영어의 언어체계 속에서 자주 시인의 시를 짧게 만들었고, 우리말의 아름다움을 살리는데 어려움을 느꼈다. 물론 영어의 음악적 리듬이나 운율을 전문적으로 살릴 수 없는 내 능력의 한계를 분명 인정해야 한다. 그럼에도 불구하고 난관에 부딪힐 때마다 내 작업을 격려해 주고 조언을 아끼지 않았던 영국인 친구들의 친절에 한없이 감사할 따름이다.

번역 상의 어려움이 어찌 단순히 언어체계에서 오는 것뿐이겠는가! 잡념 없이, 생활의 분주함을 일시 미루고, 작업에만 전념할 수 있어야 하는데, 시간을 내는데 참으로 게으름을 많이 피웠다. 누구보다 바쁘신 분이신 것을 알면서도 번역하는 내내 감히 내 일정들을 핑계로 많이도 작업을 늦추며 시인의 맘을 졸이게 했다는 것도 안다. 때론 더 이상 핑계 댈 수 없어 그저 죄송하다고 하면, 시인 목사님은 나를 통해 인내하는 법을 배우고 있는 중이라고, 뼈가 있지만 농담으로 나를 격려하시는 답을 하시기도 했다. 그러면 다시 짬을 내어 한편이라도 더, 그리고 조금이라도 나아진 번역을 해 보려고 무진 노력했다.

가끔 시인은 본인의 다른 시집과 문학관련 책들, 그리고 시계로 된 MP3 같은 깜짝 선물을 보내셔서 소녀처럼 마냥 자랑하며 즐거워했던 기억도 있다. 선물은 누구에게나 반가운 손님이지만, 멀리 다른 나라에 사는 사람에게 고국에서 뭔가가 전해진다는 것은 그 기쁨이 배가 됨을 짐작할 수 있으리라. 내게 시인의 시에 대한 번역을 맡기신 것 자체만으로도 커다란 선물이었는데, 참 다양한 방법으로 격려해 주시고 힘을 실어 주셨다. 만약 정해진 기한을 두고 번역을 해야 했다면 이렇게 많은 감동과 배움은 덜 했으리라는 얄궂은 핑계를 다시 대본다.

문학을 즐거이 접하고 배워가는 한 사람으로 대우해 주시고, 포기하지 않고 끝낼 수 있도록 믿어주시고 이끌어주신 하나님과 격려와 배려를 아끼지 않으신 주신 시인 목사님께 진심으로 감사드린다.

■ Translator's Postscript ■

"Connection with a poet, HakJin Chung"

EunJung Lee

Anyone living outside their homeland must always be happily accepted in one's home, so it goes without saying that a Korean in England will always be welcome guest. He was the special guest for me as well as for our church in England.

One of the advantages of living in Britain is the easy access it gives to other countries around Europe, and the possibilities of attending special events or conferences concerning Korea when they are held there. My first meeting with the poet HakJin Chung started in this way. I was lucky enough to meet him as a poet when I attended the KOMESA (Korean Methodist Students Association) in Germany, an event in which he was lecturing. After this conference, my second meeting with him during his short stay in Britain was a true blessing.

I received a call from him early on the day of his return to Korea after he had taken a special service that day in England. He told me he was already in the airport, and wanted to ask if I could translate his poems into English. I was taken by surprise and was completely shocked.

Dazed at his abrupt suggestion, I was overwhelmed with joy but also afraid. Yet I was determined to attempt it, and to my great pride and relief, HakJin Chung was pleased with my translation.

Using me for the task was an extremely kind and courteous gesture as he must have had more skilled and professional translators around him. He told me he wanted an amateur's sharp and fresh perspective on his work. I feel this was a brave and generous decision for him to make.

Despite the great distance between us during my translation, we often communicated through e-mail. I also discussed the work with friends who were British university students. When I presented my ideas HakJin Chung, I was always grateful for the high regard in which he held my interpretations and views.

To briefly mention my personal feelings concerning his poems, the characteristic in them I admire the most is the multiple speakers. In many of his poems, the speaker starts as a protagonist (though it need not always be a person) but changes into an objective, impersonal narrator or the reader. Besides, the point of view in a poem is often possible through those three subjects at the same time. These multiple speakers who lead the readers to fertile empathy are the most fascinating aspect of his poetry.

Another element of his work I admire is its quality drawn from real experience. He has used the events and situations he encountered from his life as a priest to enrich his work, and he understands and expresses all these truths and ideas through his relationship with God. Through this wonderful perception of pastoral life in the countryside and his amazing ability to see the truth behind it, the reader is invited to become a part of his poems.

The task of translating the poems was a formidable one. I was faced not only with linguistic problems to solve, but cultural ones too. But perhaps most problematic was the feeling that my vocabulary was not rich enough to do justice to the unique phrasing of the poet's work, and that perhaps I couldn't make the best use of Korean onomatopoeic and mimetic words.

I often found I couldn't help but make the poems short in English, a language which for me didn't always quite express the beauty found in Korean. Of course I must admit at this point, I couldn't professionally make full use of musical rhythm and meter in English. Nevertheless, I would like to thank my English friends who encouraged and advised me whenever I came to deadlock.

What are the other difficulties I found when I was translating HakJin Chung's poetry? I found I was easily distracted by my work and other things. However, I was aware that I should have concentrated on the task but was lazy in making the time. Knowing that the minister poet was much busier than anyone, I kept him in suspense by making excuses about my schedule. When my excuses ran out and all I could say was 'I'm sorry," he encouraged me by telling me he was learning the quality of patience. This I took as a joke, but I believe there was some truth behind it too. As a result, I created some time, translated more work and endeavored to do the best job I possibly could.

I remember at times I was so proud and showed-off like a little girl when I received certain gifts from him. Presents such as one of his poetry books, some other books and a watch style MP3 player were lovely, and knowing that they came from my homeland only increased my pleasure in receiving them. But to me, the real gift was my opportunity to translate HakJin Chung's work. I feel so lucky as the time I spent on his work left an extremely strong impression on me, and needless to say through being so close to his work, I learned an enormous amount.

I'm humbled and proud he chose me for the task. I'm also hugely grateful to the poet who respected me and my abilities, and who never gave up on me right to the end.

나무는 꼿꼿이 선 채 임종을 맞는다
Trees face their last moment of life still standing

1판 1쇄 발행 | 2009년 7월 7일
1판 3쇄 발행 | 2012년 5월 10일

지은이 | 정학진
펴낸이 | 임만호
펴낸곳 | 창조문예사

등록 | 제16-2770호(2002.7.23.)
주소 | 135-867 서울 강남구 삼성2동 38-13
전화 | 02)544-3468~9
FAX | 02)511-3920

Printed in Korea
ISBN 978-89-90777-99-7   03040

정가 10,000원